This meal planner belongs to

....

GW00496706

MENU FOR THE WEEK: ....

	LUNCH	DINNER
M		
T		
W		
T		
F		
S		
S		

GROCERY LIST

MEAL PLAN 01

- [ ] ....
- [ ] ....
- [ ] ....
- [ ] ....
- [ ] ....
- [ ] ....
- [ ] ....
- [ ] ....
- [ ] ....
- [ ] ....
- [ ] ....
- [ ] ....
- [ ] ....
- [ ] ....
- [ ] ....
- [ ] ....
- [ ] ....

- [ ] ....
- [ ] ....
- [ ] ....
- [ ] ....
- [ ] ....
- [ ] ....
- [ ] ....
- [ ] ....
- [ ] ....
- [ ] ....
- [ ] ....
- [ ] ....
- [ ] ....
- [ ] ....
- [ ] ....
- [ ] ....
- [ ] ....

NOTES

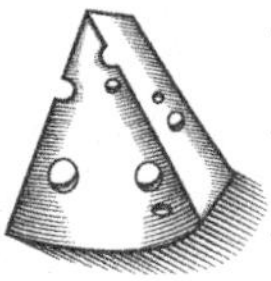

....
....
....
....
....
....
....
....
....
....

MENU FOR THE WEEK: ....

	LUNCH	DINNER
M		
T		
W		
T		
F		
S		
S		

GROCERY LIST

- [ ]
- [ ]
- [ ]
- [ ]
- [ ]
- [ ]
- [ ]
- [ ]
- [ ]
- [ ]
- [ ]
- [ ]
- [ ]
- [ ]
- [ ]
- [ ]
- [ ]
- [ ]
- [ ]
- [ ]

NOTES

MENU FOR THE WEEK: ....

	LUNCH	DINNER
M		
T		
W		
T		
F		
S		
S		

GROCERY LIST

NOTES

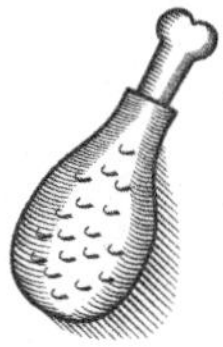

MENU FOR THE WEEK: ....

	LUNCH	DINNER
M		
T		
W		
T		
F		
S		
S		

GROCERY LIST

MEAL PLAN 04

- [ ] ....
- [ ] ....
- [ ] ....
- [ ] ....
- [ ] ....
- [ ] ....
- [ ] ....
- [ ] ....
- [ ] ....
- [ ] ....
- [ ] ....
- [ ] ....
- [ ] ....
- [ ] ....
- [ ] ....
- [ ] ....
- [ ] ....
- [ ] ....

- [ ] ....
- [ ] ....
- [ ] ....
- [ ] ....
- [ ] ....
- [ ] ....
- [ ] ....
- [ ] ....
- [ ] ....
- [ ] ....
- [ ] ....
- [ ] ....
- [ ] ....
- [ ] ....
- [ ] ....
- [ ] ....
- [ ] ....
- [ ] ....

NOTES

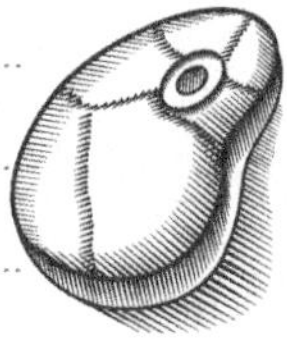

MENU FOR THE WEEK: ....

	LUNCH	DINNER
M on		
T ue		
W ed		
T hu		
F ri		
S at		
S un		

GROCERY LIST

- [ ] ....
- [ ] ....
- [ ] ....
- [ ] ....
- [ ] ....
- [ ] ....
- [ ] ....
- [ ] ....
- [ ] ....
- [ ] ....
- [ ] ....
- [ ] ....
- [ ] ....
- [ ] ....
- [ ] ....
- [ ] ....
- [ ] ....
- [ ] ....

- [ ] ....
- [ ] ....
- [ ] ....
- [ ] ....
- [ ] ....
- [ ] ....
- [ ] ....
- [ ] ....
- [ ] ....
- [ ] ....
- [ ] ....
- [ ] ....
- [ ] ....
- [ ] ....
- [ ] ....
- [ ] ....
- [ ] ....
- [ ] ....

NOTES

MENU FOR THE WEEK: ....

	LUNCH	DINNER
M		
T		
W		
T		
F		
S		
S		

GROCERY LIST

MEAL PLAN 06

- [ ]
- [ ]
- [ ]
- [ ]
- [ ]
- [ ]
- [ ]
- [ ]
- [ ]
- [ ]
- [ ]
- [ ]
- [ ]
- [ ]
- [ ]
- [ ]
- [ ]
- [ ]

- [ ]
- [ ]
- [ ]
- [ ]
- [ ]
- [ ]
- [ ]
- [ ]
- [ ]
- [ ]
- [ ]
- [ ]
- [ ]
- [ ]
- [ ]
- [ ]
- [ ]
- [ ]

NOTES

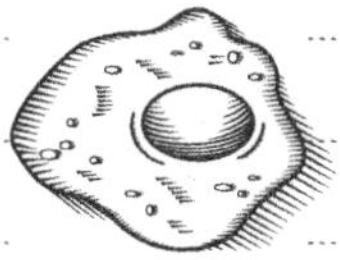

MENU FOR THE WEEK: ....

	LUNCH	DINNER
M		
T		
W		
T		
F		
S		
S		

GROCERY LIST

MEAL PLAN 07

- [ ]
- [ ]
- [ ]
- [ ]
- [ ]
- [ ]
- [ ]
- [ ]
- [ ]
- [ ]
- [ ]
- [ ]
- [ ]
- [ ]
- [ ]
- [ ]
- [ ]
- [ ]

NOTES

MENU FOR THE WEEK: ....

	LUNCH	DINNER
M		
T		
W		
T		
F		
S		
S		

GROCERY LIST

MEAL PLAN 08

- [ ]
- [ ]
- [ ]
- [ ]
- [ ]
- [ ]
- [ ]
- [ ]
- [ ]
- [ ]
- [ ]
- [ ]
- [ ]
- [ ]
- [ ]
- [ ]
- [ ]
- [ ]

- [ ]
- [ ]
- [ ]
- [ ]
- [ ]
- [ ]
- [ ]
- [ ]
- [ ]
- [ ]
- [ ]
- [ ]
- [ ]
- [ ]
- [ ]
- [ ]
- [ ]
- [ ]

NOTES

MENU FOR THE WEEK: ....

	LUNCH	DINNER
Mon		
Tue		
Wed		
Thu		
Fri		
Sat		
Sun		

GROCERY LIST

- [ ]
- [ ]
- [ ]
- [ ]
- [ ]
- [ ]
- [ ]
- [ ]
- [ ]
- [ ]
- [ ]
- [ ]
- [ ]
- [ ]
- [ ]
- [ ]
- [ ]
- [ ]

- [ ]
- [ ]
- [ ]
- [ ]
- [ ]
- [ ]
- [ ]
- [ ]
- [ ]
- [ ]
- [ ]
- [ ]
- [ ]
- [ ]
- [ ]
- [ ]
- [ ]
- [ ]

NOTES

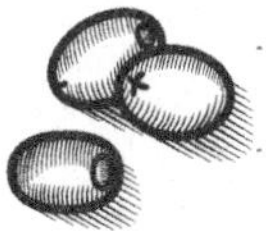

MENU FOR THE WEEK: ....

	LUNCH	DINNER
M		
T		
W		
T		
F		
S		
S		

GROCERY LIST

MEAL PLAN 10

- [ ]
- [ ]
- [ ]
- [ ]
- [ ]
- [ ]
- [ ]
- [ ]
- [ ]
- [ ]
- [ ]
- [ ]
- [ ]
- [ ]
- [ ]
- [ ]
- [ ]
- [ ]

- [ ]
- [ ]
- [ ]
- [ ]
- [ ]
- [ ]
- [ ]
- [ ]
- [ ]
- [ ]
- [ ]
- [ ]
- [ ]
- [ ]
- [ ]
- [ ]
- [ ]
- [ ]

NOTES

MENU FOR THE WEEK: ....

	LUNCH	DINNER
M on		
T ue		
W ed		
T hu		
F ri		
S at		
S un		

GROCERY LIST

MEAL PLAN 11

- [ ]
- [ ]
- [ ]
- [ ]
- [ ]
- [ ]
- [ ]
- [ ]
- [ ]
- [ ]
- [ ]
- [ ]
- [ ]
- [ ]
- [ ]
- [ ]
- [ ]

- [ ]
- [ ]
- [ ]
- [ ]
- [ ]
- [ ]
- [ ]
- [ ]
- [ ]
- [ ]
- [ ]
- [ ]
- [ ]
- [ ]
- [ ]
- [ ]
- [ ]

NOTES

MENU FOR THE WEEK: ....

	LUNCH	DINNER
M		
T		
W		
T		
F		
S		
S		

GROCERY LIST

NOTES

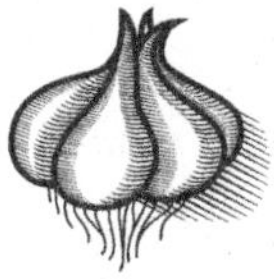

MENU FOR THE WEEK: ....

	LUNCH	DINNER
M		
T		
W		
T		
F		
S		
S		

GROCERY LIST

MEAL PLAN 13

- [ ] ....
- [ ] ....
- [ ] ....
- [ ] ....
- [ ] ....
- [ ] ....
- [ ] ....
- [ ] ....
- [ ] ....
- [ ] ....
- [ ] ....
- [ ] ....
- [ ] ....
- [ ] ....
- [ ] ....
- [ ] ....
- [ ] ....
- [ ] ....

- [ ] ....
- [ ] ....
- [ ] ....
- [ ] ....
- [ ] ....
- [ ] ....
- [ ] ....
- [ ] ....
- [ ] ....
- [ ] ....
- [ ] ....
- [ ] ....
- [ ] ....
- [ ] ....
- [ ] ....
- [ ] ....
- [ ] ....
- [ ] ....

NOTES

MENU FOR THE WEEK: ....

	LUNCH	DINNER
M		
T		
W		
T		
F		
S		
S		

GROCERY LIST

NOTES

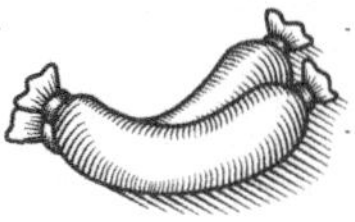

MENU FOR THE WEEK: ....

	LUNCH	**DINNER**
M		
T		
W		
T		
F		
S		
S		

GROCERY LIST

- [ ]
- [ ]
- [ ]
- [ ]
- [ ]
- [ ]
- [ ]
- [ ]
- [ ]
- [ ]
- [ ]
- [ ]
- [ ]
- [ ]
- [ ]
- [ ]
- [ ]
- [ ]

NOTES

MENU FOR THE WEEK:......................................

	LUNCH	DINNER
M		
T		
W		
T		
F		
S		
S		

GROCERY LIST

MEAL PLAN 16

- [ ] ....
- [ ] ....
- [ ] ....
- [ ] ....
- [ ] ....
- [ ] ....
- [ ] ....
- [ ] ....
- [ ] ....
- [ ] ....
- [ ] ....
- [ ] ....
- [ ] ....
- [ ] ....
- [ ] ....
- [ ] ....
- [ ] ....
- [ ] ....

- [ ] ....
- [ ] ....
- [ ] ....
- [ ] ....
- [ ] ....
- [ ] ....
- [ ] ....
- [ ] ....
- [ ] ....
- [ ] ....
- [ ] ....
- [ ] ....
- [ ] ....
- [ ] ....
- [ ] ....
- [ ] ....
- [ ] ....
- [ ] ....

NOTES

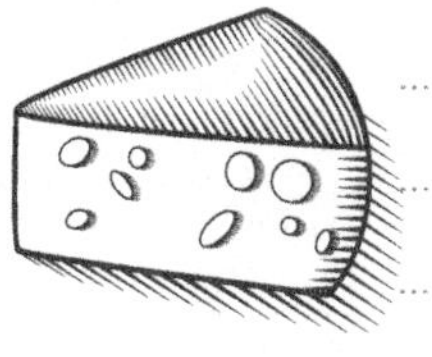

MENU FOR THE WEEK: ....

	LUNCH	DINNER
Mon		
Tue		
Wed		
Thu		
Fri		
Sat		
Sun		

GROCERY LIST

- [ ]
- [ ]
- [ ]
- [ ]
- [ ]
- [ ]
- [ ]
- [ ]
- [ ]
- [ ]
- [ ]
- [ ]
- [ ]
- [ ]
- [ ]
- [ ]
- [ ]
- [ ]

- [ ]
- [ ]
- [ ]
- [ ]
- [ ]
- [ ]
- [ ]
- [ ]
- [ ]
- [ ]
- [ ]
- [ ]
- [ ]
- [ ]
- [ ]
- [ ]
- [ ]
- [ ]

NOTES

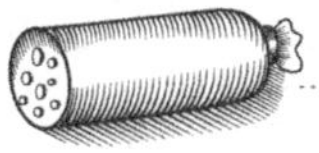

MENU FOR THE WEEK: ....

	LUNCH	DINNER
Mon		
Tue		
Wed		
Thu		
Fri		
Sat		
Sun		

GROCERY LIST

NOTES

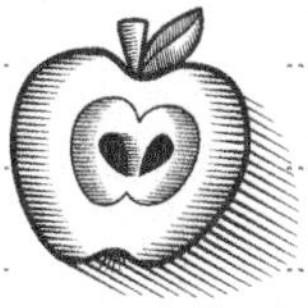

MENU FOR THE WEEK: ....

	LUNCH	DINNER
M		
T		
W		
T		
F		
S		
S		

GROCERY LIST

MEAL PLAN 19

- [ ]
- [ ]
- [ ]
- [ ]
- [ ]
- [ ]
- [ ]
- [ ]
- [ ]
- [ ]
- [ ]
- [ ]
- [ ]
- [ ]
- [ ]
- [ ]
- [ ]
- [ ]

- [ ]
- [ ]
- [ ]
- [ ]
- [ ]
- [ ]
- [ ]
- [ ]
- [ ]
- [ ]
- [ ]
- [ ]
- [ ]
- [ ]
- [ ]
- [ ]
- [ ]
- [ ]

NOTES

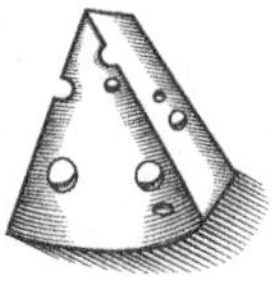

MENU FOR THE WEEK: ....

	LUNCH	DINNER
M		
T		
W		
T		
F		
S		
S		

GROCERY LIST

NOTES

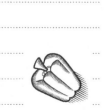

MENU FOR THE WEEK: ....

	LUNCH	DINNER
M		
T		
W		
T		
F		
S		
S		

GROCERY LIST

MEAL PLAN 21

- [ ]
- [ ]
- [ ]
- [ ]
- [ ]
- [ ]
- [ ]
- [ ]
- [ ]
- [ ]
- [ ]
- [ ]
- [ ]
- [ ]
- [ ]
- [ ]
- [ ]

- [ ]
- [ ]
- [ ]
- [ ]
- [ ]
- [ ]
- [ ]
- [ ]
- [ ]
- [ ]
- [ ]
- [ ]
- [ ]
- [ ]
- [ ]
- [ ]
- [ ]

NOTES

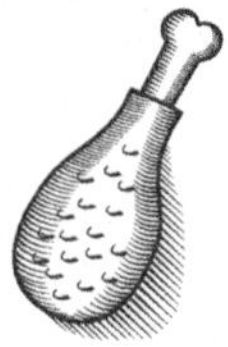

MENU FOR THE WEEK: ....

	LUNCH	DINNER
Mon		
Tue		
Wed		
Thu		
Fri		
Sat		
Sun		

GROCERY LIST

MEAL PLAN 22

- [ ]
- [ ]
- [ ]
- [ ]
- [ ]
- [ ]
- [ ]
- [ ]
- [ ]
- [ ]
- [ ]
- [ ]
- [ ]
- [ ]
- [ ]
- [ ]
- [ ]

- [ ]
- [ ]
- [ ]
- [ ]
- [ ]
- [ ]
- [ ]
- [ ]
- [ ]
- [ ]
- [ ]
- [ ]
- [ ]
- [ ]
- [ ]
- [ ]
- [ ]

NOTES

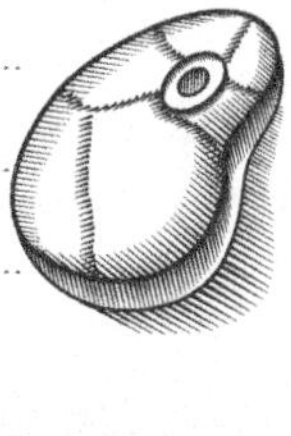

MENU FOR THE WEEK: ....

	LUNCH	DINNER
Mon		
Tue		
Wed		
Thu		
Fri		
Sat		
Sun		

GROCERY LIST

- [ ] ....
- [ ] ....
- [ ] ....
- [ ] ....
- [ ] ....
- [ ] ....
- [ ] ....
- [ ] ....
- [ ] ....
- [ ] ....
- [ ] ....
- [ ] ....
- [ ] ....
- [ ] ....
- [ ] ....
- [ ] ....
- [ ] ....
- [ ] ....

- [ ] ....
- [ ] ....
- [ ] ....
- [ ] ....
- [ ] ....
- [ ] ....
- [ ] ....
- [ ] ....
- [ ] ....
- [ ] ....
- [ ] ....
- [ ] ....
- [ ] ....
- [ ] ....
- [ ] ....
- [ ] ....
- [ ] ....
- [ ] ....

NOTES

....
....
....
....
....
....
....
....

MENU FOR THE WEEK: ....

	LUNCH	DINNER
M		
T		
W		
T		
F		
S		
S		

GROCERY LIST

MEAL PLAN 24

- [ ]
- [ ]
- [ ]
- [ ]
- [ ]
- [ ]
- [ ]
- [ ]
- [ ]
- [ ]
- [ ]
- [ ]
- [ ]
- [ ]
- [ ]
- [ ]
- [ ]

- [ ]
- [ ]
- [ ]
- [ ]
- [ ]
- [ ]
- [ ]
- [ ]
- [ ]
- [ ]
- [ ]
- [ ]
- [ ]
- [ ]
- [ ]
- [ ]
- [ ]

NOTES

MENU FOR THE WEEK: ....

	LUNCH	DINNER
M Mon		
T Tue		
W Wed		
T Thu		
F Fri		
S Sat		
S Sun		

GROCERY LIST

MEAL PLAN 25

- [ ] ....
- [ ] ....
- [ ] ....
- [ ] ....
- [ ] ....
- [ ] ....
- [ ] ....
- [ ] ....
- [ ] ....
- [ ] ....
- [ ] ....
- [ ] ....
- [ ] ....
- [ ] ....
- [ ] ....
- [ ] ....
- [ ] ....
- [ ] ....

- [ ] ....
- [ ] ....
- [ ] ....
- [ ] ....
- [ ] ....
- [ ] ....
- [ ] ....
- [ ] ....
- [ ] ....
- [ ] ....
- [ ] ....
- [ ] ....
- [ ] ....
- [ ] ....
- [ ] ....
- [ ] ....
- [ ] ....
- [ ] ....

NOTES

MENU FOR THE WEEK: ....

	LUNCH	DINNER
M		
T		
W		
T		
F		
S		
S		

GROCERY LIST

- [ ]
- [ ]
- [ ]
- [ ]
- [ ]
- [ ]
- [ ]
- [ ]
- [ ]
- [ ]
- [ ]
- [ ]
- [ ]
- [ ]
- [ ]
- [ ]
- [ ]
- [ ]

- [ ]
- [ ]
- [ ]
- [ ]
- [ ]
- [ ]
- [ ]
- [ ]
- [ ]
- [ ]
- [ ]
- [ ]
- [ ]
- [ ]
- [ ]
- [ ]
- [ ]
- [ ]

NOTES

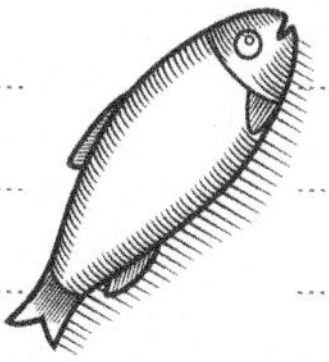

MENU FOR THE WEEK: ....

	LUNCH	DINNER
M on		
T ue		
W ed		
T hu		
F ri		
S at		
S un		

GROCERY LIST

MEAL PLAN 27

- [ ]
- [ ]
- [ ]
- [ ]
- [ ]
- [ ]
- [ ]
- [ ]
- [ ]
- [ ]
- [ ]
- [ ]
- [ ]
- [ ]
- [ ]
- [ ]
- [ ]

- [ ]
- [ ]
- [ ]
- [ ]
- [ ]
- [ ]
- [ ]
- [ ]
- [ ]
- [ ]
- [ ]
- [ ]
- [ ]
- [ ]
- [ ]
- [ ]
- [ ]

NOTES

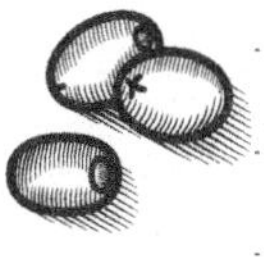

MENU FOR THE WEEK: ....

	LUNCH	DINNER
Mon		
Tue		
Wed		
Thu		
Fri		
Sat		
Sun		

GROCERY LIST

MEAL PLAN 28

- [ ]
- [ ]
- [ ]
- [ ]
- [ ]
- [ ]
- [ ]
- [ ]
- [ ]
- [ ]
- [ ]
- [ ]
- [ ]
- [ ]
- [ ]
- [ ]
- [ ]

- [ ]
- [ ]
- [ ]
- [ ]
- [ ]
- [ ]
- [ ]
- [ ]
- [ ]
- [ ]
- [ ]
- [ ]
- [ ]
- [ ]
- [ ]
- [ ]
- [ ]

NOTES

MENU FOR THE WEEK: ....

	LUNCH	**DINNER**
M		
T		
W		
T		
F		
S		
S		

GROCERY LIST

NOTES

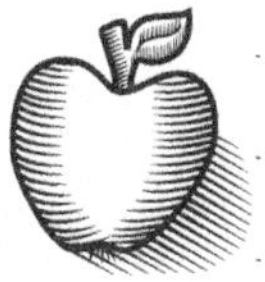

MENU FOR THE WEEK: ....

	LUNCH	DINNER
M on		
T ue		
W ed		
T hu		
F ri		
S at		
S un		

GROCERY LIST

MEAL PLAN 30

- [ ]
- [ ]
- [ ]
- [ ]
- [ ]
- [ ]
- [ ]
- [ ]
- [ ]
- [ ]
- [ ]
- [ ]
- [ ]
- [ ]
- [ ]
- [ ]
- [ ]
- [ ]

- [ ]
- [ ]
- [ ]
- [ ]
- [ ]
- [ ]
- [ ]
- [ ]
- [ ]
- [ ]
- [ ]
- [ ]
- [ ]
- [ ]
- [ ]
- [ ]
- [ ]
- [ ]

NOTES

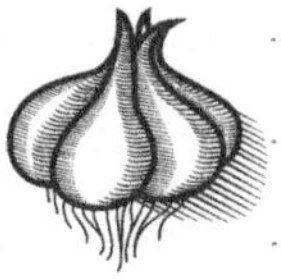

MENU FOR THE WEEK: ....

	LUNCH	DINNER
M on		
T ue		
W ed		
T hu		
F ri		
S at		
S un		

GROCERY LIST

MEAL PLAN 31

- [ ]
- [ ]
- [ ]
- [ ]
- [ ]
- [ ]
- [ ]
- [ ]
- [ ]
- [ ]
- [ ]
- [ ]
- [ ]
- [ ]
- [ ]
- [ ]
- [ ]
- [ ]

NOTES

MENU FOR THE WEEK: ....

	LUNCH	DINNER
Mon		
Tue		
Wed		
Thu		
Fri		
Sat		
Sun		

GROCERY LIST

NOTES

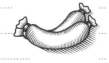

MENU FOR THE WEEK: ....

	LUNCH	DINNER
M		
T		
W		
T		
F		
S		
S		

GROCERY LIST

- [ ]
- [ ]
- [ ]
- [ ]
- [ ]
- [ ]
- [ ]
- [ ]
- [ ]
- [ ]
- [ ]
- [ ]
- [ ]
- [ ]
- [ ]
- [ ]
- [ ]
- [ ]
- [ ]

NOTES

MENU FOR THE WEEK: ....

	LUNCH	DINNER
Mon		
Tue		
Wed		
Thu		
Fri		
Sat		
Sun		

GROCERY LIST

MEAL PLAN 34

- [ ]
- [ ]
- [ ]
- [ ]
- [ ]
- [ ]
- [ ]
- [ ]
- [ ]
- [ ]
- [ ]
- [ ]
- [ ]
- [ ]
- [ ]
- [ ]
- [ ]

NOTES

MENU FOR THE WEEK: ....

	LUNCH	DINNER
M on		
T ue		
W ed		
T hu		
F ri		
S at		
S un		

GROCERY LIST

- [ ] ....
- [ ] ....
- [ ] ....
- [ ] ....
- [ ] ....
- [ ] ....
- [ ] ....
- [ ] ....
- [ ] ....
- [ ] ....
- [ ] ....
- [ ] ....
- [ ] ....
- [ ] ....
- [ ] ....
- [ ] ....
- [ ] ....
- [ ] ....

- [ ] ....
- [ ] ....
- [ ] ....
- [ ] ....
- [ ] ....
- [ ] ....
- [ ] ....
- [ ] ....
- [ ] ....
- [ ] ....
- [ ] ....
- [ ] ....
- [ ] ....
- [ ] ....
- [ ] ....
- [ ] ....
- [ ] ....
- [ ] ....

NOTES

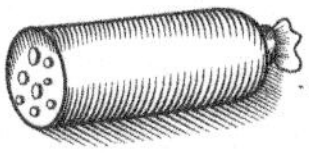

MENU FOR THE WEEK: ....

	LUNCH	DINNER
Mon		
Tue		
Wed		
Thu		
Fri		
Sat		
Sun		

GROCERY LIST

NOTES

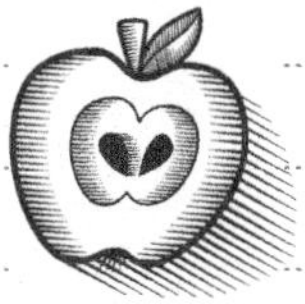

MENU FOR THE WEEK: ....

	LUNCH	DINNER
Mon		
Tue		
Wed		
Thu		
Fri		
Sat		
Sun		

GROCERY LIST

MEAL PLAN 37

- [ ]
- [ ]
- [ ]
- [ ]
- [ ]
- [ ]
- [ ]
- [ ]
- [ ]
- [ ]
- [ ]
- [ ]
- [ ]
- [ ]
- [ ]
- [ ]
- [ ]

- [ ]
- [ ]
- [ ]
- [ ]
- [ ]
- [ ]
- [ ]
- [ ]
- [ ]
- [ ]
- [ ]
- [ ]
- [ ]
- [ ]
- [ ]
- [ ]
- [ ]

NOTES

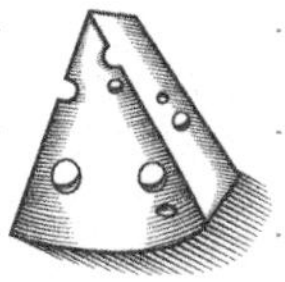

MENU FOR THE WEEK: ....

	LUNCH	DINNER
Mon		
Tue		
Wed		
Thu		
Fri		
Sat		
Sun		

GROCERY LIST

☐ ....
☐ ....
☐ ....
☐ ....
☐ ....
☐ ....
☐ ....
☐ ....
☐ ....
☐ ....
☐ ....
☐ ....
☐ ....
☐ ....
☐ ....
☐ ....
☐ ....

☐ ....
☐ ....
☐ ....
☐ ....
☐ ....
☐ ....
☐ ....
☐ ....
☐ ....
☐ ....
☐ ....
☐ ....
☐ ....
☐ ....
☐ ....
☐ ....
☐ ....

NOTES

MENU FOR THE WEEK: ....

	LUNCH	DINNER
M		
T		
W		
T		
F		
S		
S		

GROCERY LIST

MEAL PLAN 39

- [ ]
- [ ]
- [ ]
- [ ]
- [ ]
- [ ]
- [ ]
- [ ]
- [ ]
- [ ]
- [ ]
- [ ]
- [ ]
- [ ]
- [ ]
- [ ]
- [ ]
- [ ]

- [ ]
- [ ]
- [ ]
- [ ]
- [ ]
- [ ]
- [ ]
- [ ]
- [ ]
- [ ]
- [ ]
- [ ]
- [ ]
- [ ]
- [ ]
- [ ]
- [ ]
- [ ]

NOTES

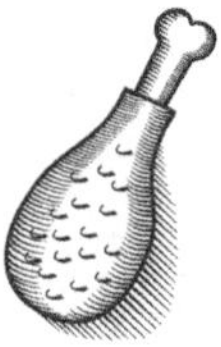

MENU FOR THE WEEK: ....

	LUNCH	DINNER
Mon		
Tue		
Wed		
Thu		
Fri		
Sat		
Sun		

GROCERY LIST

MEAL PLAN 40

- [ ] ....
- [ ] ....
- [ ] ....
- [ ] ....
- [ ] ....
- [ ] ....
- [ ] ....
- [ ] ....
- [ ] ....
- [ ] ....
- [ ] ....
- [ ] ....
- [ ] ....
- [ ] ....
- [ ] ....
- [ ] ....
- [ ] ....
- [ ] ....

- [ ] ....
- [ ] ....
- [ ] ....
- [ ] ....
- [ ] ....
- [ ] ....
- [ ] ....
- [ ] ....
- [ ] ....
- [ ] ....
- [ ] ....
- [ ] ....
- [ ] ....
- [ ] ....
- [ ] ....
- [ ] ....
- [ ] ....
- [ ] ....

NOTES

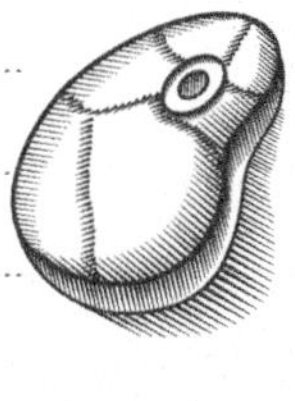

MENU FOR THE WEEK: ....

	LUNCH	DINNER
Mon		
Tue		
Wed		
Thu		
Fri		
Sat		
Sun		

GROCERY LIST

MEAL PLAN 41

- [ ] ....
- [ ] ....
- [ ] ....
- [ ] ....
- [ ] ....
- [ ] ....
- [ ] ....
- [ ] ....
- [ ] ....
- [ ] ....
- [ ] ....
- [ ] ....
- [ ] ....
- [ ] ....
- [ ] ....
- [ ] ....
- [ ] ....
- [ ] ....

- [ ] ....
- [ ] ....
- [ ] ....
- [ ] ....
- [ ] ....
- [ ] ....
- [ ] ....
- [ ] ....
- [ ] ....
- [ ] ....
- [ ] ....
- [ ] ....
- [ ] ....
- [ ] ....
- [ ] ....
- [ ] ....
- [ ] ....
- [ ] ....

NOTES

MENU FOR THE WEEK: ....

	LUNCH	DINNER
Mon		
Tue		
Wed		
Thu		
Fri		
Sat		
Sun		

GROCERY LIST

MEAL PLAN 42

- [ ]
- [ ]
- [ ]
- [ ]
- [ ]
- [ ]
- [ ]
- [ ]
- [ ]
- [ ]
- [ ]
- [ ]
- [ ]
- [ ]
- [ ]
- [ ]
- [ ]

- [ ]
- [ ]
- [ ]
- [ ]
- [ ]
- [ ]
- [ ]
- [ ]
- [ ]
- [ ]
- [ ]
- [ ]
- [ ]
- [ ]
- [ ]
- [ ]
- [ ]

NOTES

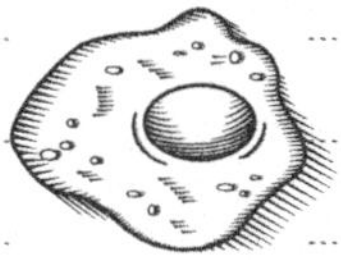

MENU FOR THE WEEK: ....

	LUNCH	DINNER
Mon		
Tue		
Wed		
Thu		
Fri		
Sat		
Sun		

GROCERY LIST

MEAL PLAN 43

- [ ]
- [ ]
- [ ]
- [ ]
- [ ]
- [ ]
- [ ]
- [ ]
- [ ]
- [ ]
- [ ]
- [ ]
- [ ]
- [ ]
- [ ]
- [ ]
- [ ]
- [ ]

- [ ]
- [ ]
- [ ]
- [ ]
- [ ]
- [ ]
- [ ]
- [ ]
- [ ]
- [ ]
- [ ]
- [ ]
- [ ]
- [ ]
- [ ]
- [ ]
- [ ]
- [ ]

NOTES

MENU FOR THE WEEK: ....

	LUNCH	DINNER
M on		
T ue		
W ed		
T hu		
F ri		
S at		
S un		

GROCERY LIST

MEAL PLAN 44

- [ ]
- [ ]
- [ ]
- [ ]
- [ ]
- [ ]
- [ ]
- [ ]
- [ ]
- [ ]
- [ ]
- [ ]
- [ ]
- [ ]
- [ ]
- [ ]
- [ ]
- [ ]

NOTES

MENU FOR THE WEEK:......................................

	LUNCH	DINNER
M		
on		
T		
ue		
W		
ed		
T		
hu		
F		
ri		
S		
at		
S		
un		

GROCERY LIST

NOTES

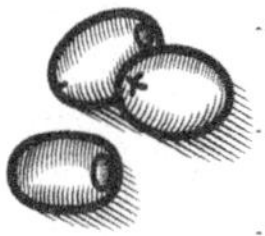

MENU FOR THE WEEK: ....

	LUNCH	DINNER
Mon		
Tue		
Wed		
Thu		
Fri		
Sat		
Sun		

GROCERY LIST

MEAL PLAN 46

- [ ] ....
- [ ] ....
- [ ] ....
- [ ] ....
- [ ] ....
- [ ] ....
- [ ] ....
- [ ] ....
- [ ] ....
- [ ] ....
- [ ] ....
- [ ] ....
- [ ] ....
- [ ] ....
- [ ] ....
- [ ] ....
- [ ] ....
- [ ] ....

NOTES

....
....
....
....
....
....
....
....
....
....

MENU FOR THE WEEK: ....

	LUNCH	DINNER
M on		
T ue		
W ed		
T hu		
F ri		
S at		
S un		

GROCERY LIST

NOTES

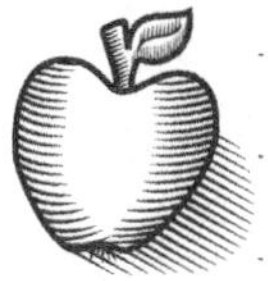

MENU FOR THE WEEK: ....

	LUNCH	DINNER
M on		
T ue		
W ed		
T hu		
F ri		
S at		
S un		

GROCERY LIST

MEAL PLAN 48

- [ ]
- [ ]
- [ ]
- [ ]
- [ ]
- [ ]
- [ ]
- [ ]
- [ ]
- [ ]
- [ ]
- [ ]
- [ ]
- [ ]
- [ ]
- [ ]
- [ ]
- [ ]

- [ ]
- [ ]
- [ ]
- [ ]
- [ ]
- [ ]
- [ ]
- [ ]
- [ ]
- [ ]
- [ ]
- [ ]
- [ ]
- [ ]
- [ ]
- [ ]
- [ ]
- [ ]

NOTES

MENU FOR THE WEEK: ....

	LUNCH	DINNER
Mon		
Tue		
Wed		
Thu		
Fri		
Sat		
Sun		

GROCERY LIST

MEAL PLAN 49

- [ ] ....
- [ ] ....
- [ ] ....
- [ ] ....
- [ ] ....
- [ ] ....
- [ ] ....
- [ ] ....
- [ ] ....
- [ ] ....
- [ ] ....
- [ ] ....
- [ ] ....
- [ ] ....
- [ ] ....
- [ ] ....
- [ ] ....
- [ ] ....

- [ ] ....
- [ ] ....
- [ ] ....
- [ ] ....
- [ ] ....
- [ ] ....
- [ ] ....
- [ ] ....
- [ ] ....
- [ ] ....
- [ ] ....
- [ ] ....
- [ ] ....
- [ ] ....
- [ ] ....
- [ ] ....
- [ ] ....
- [ ] ....

NOTES

MENU FOR THE WEEK: ....

	LUNCH	DINNER
Mon		
Tue		
Wed		
Thu		
Fri		
Sat		
Sun		

GROCERY LIST

MEAL PLAN 50

- [ ]
- [ ]
- [ ]
- [ ]
- [ ]
- [ ]
- [ ]
- [ ]
- [ ]
- [ ]
- [ ]
- [ ]
- [ ]
- [ ]
- [ ]
- [ ]
- [ ]
- [ ]
- [ ]

- [ ]
- [ ]
- [ ]
- [ ]
- [ ]
- [ ]
- [ ]
- [ ]
- [ ]
- [ ]
- [ ]
- [ ]
- [ ]
- [ ]
- [ ]
- [ ]
- [ ]
- [ ]
- [ ]

NOTES

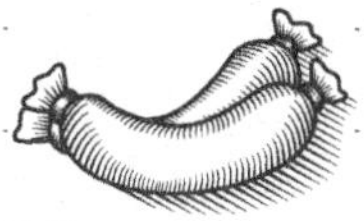

MENU FOR THE WEEK: ....

	LUNCH	DINNER
M		
T		
W		
T		
F		
S		
S		

GROCERY LIST

- [ ]
- [ ]
- [ ]
- [ ]
- [ ]
- [ ]
- [ ]
- [ ]
- [ ]
- [ ]
- [ ]
- [ ]
- [ ]
- [ ]
- [ ]
- [ ]
- [ ]
- [ ]

- [ ]
- [ ]
- [ ]
- [ ]
- [ ]
- [ ]
- [ ]
- [ ]
- [ ]
- [ ]
- [ ]
- [ ]
- [ ]
- [ ]
- [ ]
- [ ]
- [ ]
- [ ]

NOTES

MENU FOR THE WEEK:................................

	LUNCH	DINNER
M		
T		
W		
T		
F		
S		
S		

GROCERY LIST

MEAL PLAN 52

- [ ] ....
- [ ] ....
- [ ] ....
- [ ] ....
- [ ] ....
- [ ] ....
- [ ] ....
- [ ] ....
- [ ] ....
- [ ] ....
- [ ] ....
- [ ] ....
- [ ] ....
- [ ] ....
- [ ] ....
- [ ] ....
- [ ] ....
- [ ] ....

- [ ] ....
- [ ] ....
- [ ] ....
- [ ] ....
- [ ] ....
- [ ] ....
- [ ] ....
- [ ] ....
- [ ] ....
- [ ] ....
- [ ] ....
- [ ] ....
- [ ] ....
- [ ] ....
- [ ] ....
- [ ] ....
- [ ] ....
- [ ] ....

NOTES

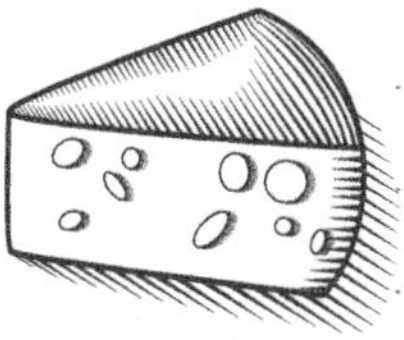

Printed in Great Britain
by Amazon

83474036R00061